Gruech.

Des vices
dans la forme
des notifications civiles.

DES VICES

DANS LA FORME

DES NOTIFICATIONS CIVILES ;

ET DES

MOYENS

D'Y REMÉDIER.

Par J. B. F. DELPUECH, Juge au Tribunal de Millau, ex-Juge au Tribunal civil du Département de l'Aveiron, ex-Juge de District, Jurisconsulte, Docteur en Droit de l'Ancienne Université de Toulouse, ex-Avocat au ci-devant Parlement de la même Ville.

A MILLAU,

De l'imprimerie de P. Chanson.

An XI — 1803.

ILLUSTRISSIMO. VIRO.

D. D.

CAMBACÉRÈS.

GALLIÆ. CONSULI. SECUNDO.

CUJUS. VIRTUTE.
JURIS. CIVILIS. HONOS.
INTRA. DIES. INFANDOS.
FUIT. RESTITUTUS.

OPUSCULUM.

DE. MODO. ADMONENDI. JURIDICO.

VOVET.

IN. REVERENTIÆ. SPECIMEN.

DELPUECH.

JUDEX. ÆMILLIANUS.
JURIS. UTRIUSQUE. DOCTOR.

ANNO.
XI. — M. DCCC. III.

PRÉFACE.

CICÉRON distingue deux manières de combattre ; l'une par la raison et la discussion , l'autre par la force : il dit que le premier mode est propre à l'homme , et le second à la brute ; et qu'ainsi l'homme doit recourir au combat de la force, alors seulement que celui de la raison est impossible (1).

Mais ces vérités ne sont bien senties que chez les peuples parvenus à un certain degré de civilisation. Aussi, quand nos pères commencèrent à terminer leurs contestations sans aucun mêlange de force privée, accorda - t - on peu d'estime à la science du Droit et à celle des Formes. Ces deux sciences n'obtinrent que dans

(1) Cùm sint duo genera decertandi , unum per disceptationem , alterum per vim ; cùmque illud proprium sit hominis, hoc belluarum ; confugiendum est ad posterius , si uti non licet superiore. CICER. DE OFFIC. LIB. I. CAP. 34.

A 2

les derniers siècles le rang qui leur
était dû.

Au Consul C A M B A C É R É S, appar-
tient la gloire d'en avoir relevé l'étude et
le goût durant les convulsions révolu-
tionnaires.

Un GOUVERNEMENT RÉPARATEUR
a, depuis, réuni les lumières des plus
grands Jurisconsultes et des Tribunaux
supérieurs, pour donner à la France des
lois dignes d'elle et du H É R O S, qui
en fait le bonheur et la gloire.

Qu'il nous soit permis d'offrir aussi
aux premières Autorités de l'État, quelques vues sur un point de forme, en ap-
parence peu relevé, mais dont les hommes, versés dans la connaissance des lois
et dans la pratique des affaires, sentiront
toute l'importance. Heureux, si nous
pouvons contribuer à tarir les sources du
mal (1) que nous indiquerons.

----

(1) Les moyens que je propose peuvent être
adoptés après la promulgation d'un nouveau CODE
de Procédure civile, sans en déranger l'économie.

DES
VICES
DANS LA FORME
DES NOTIFICATIONS CIVILES;
ET DES
MOYENS
D'Y REMÉDIER.

CHAPITRE PREMIER.

Divisions des Rapports Civils en volontaires et contentieux; importance des Notifications qu'exigent ceux de la seconde espèce.

LES obligations civiles émanent des rapports qui existent entre les personnes ou les choses dans l'état de Société; et qui résultent ou des Qualités, ou des Faits, ou des Conventions (1).

Souvent ces rapports sont contestés, ou en eux-mêmes, ou dans leurs conséquences (2); et leur notification devient alors nécesssaire. Ainsi je fais notifier à un tel, qu'il est entre lui et moi un tel rapport, qui l'oblige à me payer une telle somme, à réparer un tel dommage, ou à m'abandonner un tel fonds ; et que je vais l'y contraindre par un tel moyen; ou bien que je l'appelle devant un tel Tribunal pour l'y faire condamner (3).

Les rapports civils sont donc volontaires ou contentieux. Les fonctions des *Notaires* assurent authentiquement la preuve des premiers , lorsqu'ils résultent de conventions ; et c'est à constater la notification des seconds , que tendent celles des *Huissiers* : les unes présentent l'harmonie et la paix (4); les autres annoncent la discorde et la güerre.

Les Tribunaux défèrent également aux témoignages du *Notaire* et de *l'Huissier* : souvent le gain ou la perte des Procès , et quelquefois la fortune ou la ruine des familles , n'y dépendent pas moins de la foi accordée aux notifications faites par celui-ci, que de la foi due aux actes souscrits par celui-là. Il est donc essentiel de prendre d'égales précautions pour qu'ils ne puissent pas plus l'un que l'autre violer cette foi publique, dont tous deux sont dépositaires.

(7)

NOTES.

(1) Je réfère à trois causes les rapports générateurs des Obligations civiles ; savoir, les Qualités, les Faits et les Conventions.

1º. LES QUALITÉS : On sent que celles de père, d'enfant, de femme, et beaucoup d'autres, créent, entre les personnes, des rapports d'où résultent des obligations.

De même les QUALITÉS des choses, c'est-à-dire, leurs manières d'être, constituent des rapports, qui souvent produisent des obligations entre les possesseurs de ces choses.

2". LES FAITS : Ainsi les délits, les quasi-délits et les quasi-contrats établissent aussi des rapports créateurs d'obligations.

3º. Enfin les CONVENTIONS ; et personne n'ignore qu'elles forment des rapports obligatoires : QUID ENIM TAM CONGRUUM FIDEI HUMANÆ, QUAM EA QUÆ INTER homines PLACUERUNT SERVARE ? Leg. I. in prin. ff. de Pactis.

(2) La contestation roule, au premier cas, sur le Fait, et au second sur le Droit.

(3) Obliger, (OBLIGARE) signifie ATTACHER, LIER AU TOUR. L'obligation est en effet un LIEN MORAL, qui suffirait, si tous les hommes étaient parfaitement raisonnables ; car, dit le plus grand des Jurisconsultes romains, « on doit regarder comme » impossible tout ce qui blesse la religion, l'honneur, la pudeur, et en général les bonnes mœurs. (PAPINIANUS, LIB. 6. QÆSTION., LEG. 15. ff. DE CONDITION. INSTITUT.).

Mais l'expérience prouva dès long-tems la nécessité de fortifier le LIEN MORAL par un LIEN
PHYSIQUE, et de soutenir chaque OBLIGATION,
essentielle à l'ordre, par une ACTION, c'est-à-dire,
par la faculté de poursuivre et de contraindre PHY-
SIQUEMENT.

On joignit donc la coaction au Droit, les AC-
TIONS aux OBLIGATIONS : elles sont conjóintement
traitées dans les titres du Digéste et du Code DE
OBLIGATIONIBUS ET ACTIONIBUS.

Au reste, l'état de Société consiste prinipalement
dans l'appui des ACTIONS reglées donné aux OBLI-
GATIONS, et soutenu de la force publique ; mais
ceci m'éloignerait de mon sujet.

(4) Ulpien dit que le mot PAIX (pacis nomen)
dérive du mot PACTIO (pacte, accord, conven-
tion). LEG. I. PAR. I. ff. DE PACTIS.

CHAPITE II.

*Formalité de Témoins proscrite dans les Nó-
tifications civiles avant 1669.*

AUSSI (1), dès le quinzième siècle,
tandis qu'on exigea pour l'authenticité des
Contrats publics qu'ils fussent passés devant
deux *Notaires*, ou devant un *Notaire* en présence de témoins (2), on voulut de même
que les *Huissiers* ou *Sergens* fissent les Notifications avec deux assistans qu'on appella
Records, par ce qu'ils devaient se rappeller
(*Recordari*)

(*Recordari*) ce qu'ils voyaient pour en rendre témoignage.

Telle fut , en 1498 , la disposition d'une Ordonnance de Louis X I I, (Art. 56) , que confirmèrent l'Ordonnance de Blois en 1507 (Art. 245), et celles de François Ier. , en 1535, et en 1539.

Deux Ordonnances rendues par Charles I X , (l'une aux États d'Orléans , l'autre à Paris en 1563), y ajoutèrent les conditions suivantes ; 1°. D'exprimer les noms , les surnoms , les qualités , et le domicile des témoins (3) assistans; 2°. De faire signer par eux tous les exploits , ou d'y déclarer qu'ils *n'avaient su* le faire; 3°. Enfin de n'employer pour témoin aucun parent , allié , ni domestique de la Partie qui requérait la notification (4).

Enfin Louis X I V , dans son Ordonnance de 1667 , (Tit. 2, Art. 2), prescrivant les mêmes formalités , y joignit encore l'obligation de n'employer que des témoins sachant écrire , et de faire toujours signer par eux l'original et les copies de chaque exploit, *le tout à peine de nullité.*

Ainsi , tandis que l'expérience prouvait de plus en plus l'importance de cette mesure, on voyait les Lois opposant de plus fortes barrières aux efforts des usurpateurs intéressés à la rendre vaine.

B

NOTES.

(1) Le premier mot de ce Chapitre annonce qu'il doit être lu immédiatement après le précédent. (Observation applicable à d'autres Chapitres de cet Ouvrage).

(2) Ordonnance de Louis X I I, an 1498, Art. 66 ; Ordonnance de Blois , en 15c7, Art. 247 ; Ordonnance de François Ier,, du 11 Décembre 1543.

(3) Ce qui fut confirmé par l'Art. 173 de l'Ordonnance de Henri I I I , en 1579.

(4) L'amende, la nullité des exploits, les dommages-intérêts furent les peines s us lesquelles les diverses Lois citées prescrivirent l'intervention de Témoins ou RECORDS dans les Notifications.

CHAPITRE III.

Formalité des Témoins dans les Notifications civiles, abolie par l'Édit de 1669.

POURQUOI cette formalité , appuyée sur une longue expérience, et consacrée par tant de Lois, fut-elle abolie par l'Edit du mois d'Août 1669 ? Parce que les moteurs de ce

Lois ne furent pas ceux de cet Édit. Les premiers avaient cherché le bien général dans
la garantie des droits particuliers ; les seconds
ne l'apperçurent que dans leur propre ouvrage, dans un établissement qui, au mérite
de fixer les dates des actes , joignait celui
d'accroître les ressources de l'Etat.

*Souvent la peur d'un mal nous conduit
dans un pire.* Pour qu'on ne leur reprochât
point d'avoir compliqué le méchanisme des
exploits, ils ne les soumirent à la formalité
du contrôle , qu'en les dispensant de celle
des Témoins (1) : ouverts sur un objet ,
leurs yeux parurent fermés sur tous les autres; ils ne virent pas que le nouveau Réglement ne suppléait point aux anciens , et
qu'inscrire un exploit sur un registre , ne serait jamais établir la vérité de sa Notification.

❈❈❈❈❈❈❈❈❈❈❈❈❈❈❈❈

N O T E.

(3) Par la Déclaration du 21 Mars 1671 , l'assistance de témoins fut seulement exigée dans les exploits de Saisies féodales, Saisies réelles, Criées et
Appositions d'Affiches ; et même il n'y a plus lieu
aujourd'hui à ces exceptions.

CHAPITRE IV.

Dissonance qui existe, depuis 1669, entre la manière de notifier les rapports civils contentieux, et celle de constater authentiquement les rapports civils conventionnels.

LA différence qui se trouve entre la manière de prouver authentiquement les rapports civils conventionnels, et celle de notifier les rapports civils contentieux, n'a point de motif raisonnable. Un système opposé résulterait plutôt de leur parallele.

Nous avons vu, dans le premier Chapitre, que ces deux genres de rapports sont, en eux-mêmes, également importans; comparons-les ici sous le triple aspect de la *matière*, de la *Forme*, et du *Ministre*.

1°. La *Matière*. Si parmi les rapports dont il s'agit, les uns annoncent l'accord, et les autres la dissension des Parties, n'est-ce point à l'égard des derniers qu'il faudrait plus particulièrement craindre et prévenir l'intention de tromper ?

2°. La *Forme*. Il est clair que la fraude a plus d'accès dans des actes qu'une Partie fait dresser à l'insu de l'autre, et notifier inopinément, que dans ceux qu'un Fonctionnaire public doit rédiger, ou du moins lire, faire signer, et signer lui-même en présence, et conformément aux intentions de toutes deux.

3°. Le *Ministre*. La confiance environne presque toujours les fonctions de *Notaire*, tandis qu'avilies par le mépris, celles d'*Huissier* sont bien souvent livrées à des hommes que l'*impéritie*, la *misère* ou l'*immoralité*(1) portent à de très-graves fautes.

NOTE.

(1) Je ferai, dans le Chapitre suivant, quelques réflexions sur ces trois derniers caractères, que je n'applique pas du reste à tous les Huissiers : car il en est (principalement dans les grandes Villes) qui exercent leurs fonctions avec intelligence et probité. On voudra bien sous-entendre cette restriction dans plusieurs parties de cet Ouvrage, où j'ai cru inutile de la répéter.

CHAPITRE V.

Réflexions sur l'Impéritie, la Misère et l'Immoralité de certains Huissiers.

1°. L'*Impéritie*. On trouve, sur-tout dans les campagnes, beaucoup d'*Huissiers* incapables de lire les copies qu'ils remettent, les actes, les jugemens, les exploits qu'ils notifient, incapables, en un mot, de savoir ce qu'ils font, et dont toute la science consiste à tracer machinalement quelques caractères. De tels hommes deviendraient bien facilement les instrumens du crime, quand même on les supposerait incapables d'en être les auteurs ou les complices.

2°. La *Misère*. On sait qu'elle est souvent conseillère d'injustices. Combien d'*Huissiers* ont influé sur les propriétés de tous les genres, sans avoir eux-mêmes aucune propriété ? J'en ai vu dont la femme et les enfans attendaient, pour dîner, le salaire d'une Notification : j'en ai vu qui ont été forcés de suspendre ou d'abandonner leurs fonctions, par l'impossibilité de se procurer deux ou trois cent francs qu'il fallait pour leur cautionnement.

3°. Enfin l'*Immoralité*. Telle est celle de certains *Huissiers*, qu'ils regardent l'occasion de commettre une exaction ou un crime de faux comme une *bonne fortune*, comme un moyen de faire un gain naturel à leur profession.

L'ivrognerie est la passion favorite d'un grand nombre d'entr'eux : c'est souvent au *Cabaret* qu'ils signent des actes qui détermineront d'importans jugemens.

.Tel *Huissier*, pour des fautes du second ordre (car je prouverai que les plus graves sont couvertes d'un voile impénétrable) s'est vu tantôt sévérement reprimandé , tantôt suspendu de ses fonctions , par des Juges , qui n'auraient point balancé à provoquer sa destitution, s'ils n'eussent été convaincus que la plupart des places de cette espèce deviendraient et demeureraient vacantes , dès qu'on prendrait le parti d'en écarter tous les hommes peu délicats.

Et certes , si l'estime de ses semblables est un besoin éprouvé par quiconque n'est pas corrompu , quelle idée peut on avoir de celui qui exerce une fonction avilie ? Là où les *Huissiers* sont généralement méprisés , il est rare qu'ils ne soient pas méprisables.

CHAPITRE VI.

Abus de confier les Notifications civiles à des hommes accablés de mépris.

L'Homme qui n'a plus rien à perdre dans l'opinion qui l'a flétri est sans doute bien dangereux. Dégagé du frein de la honte , il ne lui reste qu'à éluder le châtiment; et s'il en trouve le moyen sûr et facile , il se souillera de beaucoup d'excès. Voilà l'histoire

abrégée d'un trop grand nombre d'*Huissiers.*
Était - ce à des hommes si peu dignes de foi
qu'il fallait accorder une entière confiance ?

Un fait très-important dans ses conséquen‑
ces n'est donc souvent constaté que par l'at‑
testation d'un homme sans honneur !... Ici, en
une foule d'hypothèses particulières , la pré‑
somption de la Loi choque celle de la rai‑
son ; et pourtant la loi doit émaner de la rai‑
son même.

Qu'il me soit permis d'exprimer le vœu
de voir corriger cet abus qui m'a souvent
frappé ; abus qui souvent force les Juges de
consacrer le faux , de prononcer sans être
convaincus, et quelquefois, contre leur con‑
viction , de proscrire des exceptions justes, et
d'assurer à un coupable le fruit de son crime.

CHAPITRE VII.

*Opposition entre la forme des Notifications
civiles , et celle des preuves testimoniales.*

LA raison exige deux témoins , dit Mon‑
tesquieu ; et cela est vrai , quoiqu'il n'en
donne pas la bonne raison. C'est, ajoute-t‑
il , parce qu'un témoin qui affirme et un

accusé qui nie, font un partage ; et qu'il faut un tiers pour le vider (1).

Ce prétendu motif n'est qu'une subtilité ; car on ne peut pas considérer un accusé comme Témoin, ni comme Juge dans sa cause.

Il faut deux outrois Témoins, pour constater un fait, lisons-nous dans plusieurs endroits (2) de la Bible, de ce livre qui contient le principe de tout ce qui est raisonnable, en Morale, et même en Législation.

Le Pape Alexandre I I I, expliqua cette maxime de l'Écriture, en disant qu'il est des affaires où deux témoins ne suffisent pas, au lieu qu'il n'en existe aucune où un témoin doive suffire, quoiqu'il soit d'ailleurs *légitime*, c'est-à-dire, d'une vie irréprochable, condition nécessaire pour qu'il pût être admis, suivant la doctrine de ce Pontife (3).

Il faut deux Témoins : car la raison ne permet pas de déférer au témoignage d'un seul homme, qu'il serait trop souvent facile de tromper ou de corrompre.

Il faut deux ou trois Témoins : car telle est la juste méfiance qu'inspire ce genre de preuve, que deux témoins doivent suffire alors seulement qu'on n'en trouve pas un plus grand nombre, et qu'il y aurait trop d'inconvéniens à l'exiger.

Chaque témoignage est comme un point de vue, d'où l'on cherche la vérité ; et le

C

meilleur moyen de la découvrir est d'observer les choses par divers côtés. Quand plusieurs témoignages, où l'on n'a pas des motifs de soupçonner un concert frauduleux , s'accordent sur un fait et sur ses circonstances ; on y reconnait l'unité , caractère distinctif du vrai.

Mais quelle assurance peut-on avoir de la vérité d'une *Notification* , lorsqu'on ne l'observe que dans l'attestation d'un *Huissier* , point de vue ordinairement si suspect ?

NOTES.

(1) Esprit des Lois, Liv. 12, Chap. 3.

(2) In ore duorum vel trium Testium stet omne verbum , Deuteronom. Cap. 17 , Vers. 6, et Cap, 19 , Vers. 15. -- Evangel. Sec. Matth. Cap. 18, Vers. 16. -- Paul. ad Corinth. Cap. 13, Vers. 1 ; et ad Hebræos Cap. 10, Vers. 28.

(3) Non minus quam duorum , vel trium virorum qui sint probatæ vitæ . . . . Testimonium admittatis , juxtà illud dominicum , in ore duorum vel trium Testium stat omne verbum , quia licet quædam sint causæ, quæ plures quàm duos exigant Testes, nulla est tamen causa , quæ unius testimonio (quamvis legitimo) terminetur. Decret. Gregor. 1 X , Tit. de Testibus et attestationibus , Cap. 23.

CHAPITRE VIII.

Suite.

DANS les preuves vocales, on peut récuser les témoins justement suspectés ; et le Droit romain exige beaucoup de précautions pour assurer la foi de leurs dépositions. Il veut qu'on examine, dans chaque témoin, s'il est d'une condition élevée, si sa conduite est irréprochable, s'il est riche , ou indigent et susceptible d'être séduit facilement par l'appât du gain, s'il est ennemi d'une Partie ou ami de l'autre; et qu'enfin on admette son témoignage alors seulement qu'il n'est suspect sous aucun de ces rapports (1).

Papinien décida que les Juges devaient suppléer aux motifs de suspicion omis par les Lois, et qu'il entrait dans leurs fonctions d'examiner quelle foi méritaient les témoignages même de ceux dont l'honneur n'avait encore éprouvé aucune altération (2).

Mais, parmi nous, à l'égard des Notifications civiles, les soupçons dérivent souvent de l'improbité ou de l'abjection , de l'impéritie ou de la misère des *Huissiers* ; et toutefois ces motifs de suspicion , la qualité d'*Huissier* les repousse légalement aux yeux du Juge,

contraindraient pas à payer plus de cent francs ; et pour m'interdire l'entrée du Temple de la Justice, pour me ravir un Droit (constituat-il toute ma fortune), il ne faut qu'un acte (6), offrant pour toute preuve de vérité l'assertion isolée d'un homme ! .... et souvent de quel homme ! ...... Avouons qu'il y a contradiction dans l'esprit de ces deux Lois, et que si l'une est le fruit de la Sagesse, l'autre est celui d'une funeste erreur.

NOTES.

(1) Par l'Art. 54 de l'Ordonnance de Charles I X , aux États de Moulins en 1665 , et par l'Art. 2 du Tit. 20 de celle de Louis X I V en 1667.

(2) Fût - il même question de dépôts volontaires.

(3) Car s'ils pouvaient l'être par des questions de Droit, ou par des fins de non recevoir, la preuve par témoins ne devrait pas être admise, suivant l'Ordonnance de François Ier. en 1535, et celle de Henri I I I aux États de Blois en 1579 (Art. 154), qui, en cas de contravention, autorise à prendre À PARTIE les Juges.

L'Art. 2 du Tit. 20 de l'Ordonnance de 1667, défend encore de prouver par témoins contre ni outre le contenu aux actes, ou ce qui pourrait avoir été dit avant , lors , ou depuis les actes , quand même il s'agirait d'une valeur au dessous de cent francs ; sauf en matière de commerce.

(4) Par l'édit de 1669.

(5) Par l'Ordonnance de 1667.

(6) Voyez les Chapitres suivans.

CHAPITRE X.

Que la forme actuelle des Notifications ci-viles expose la propriété à des dangers, qu'aucue précaution ne peut prévenir.

COMBIEN le mode actuel de notifier les rapports civils contentieux rend facile l'usurpation des propriétés !

Celui qui veut envahir le champ de son voisin, peut en demander l'abandon sous quelque prétexte, et par des actes dont il fait, comme on dit, *souffler* les notifications. Il fera *souffler* de même celle du Jugement conforme à sa demande, qu'il lui aura été facile d'obtenir *par défaut* ; et quand les délais de l'Opposition, de l'Appel, de la Requête Civile, de la Cassation seront expirés, il fera exécuter ce Jugement, dont l'annulation serait dès lors impossible (1).

Une fausse Notification suffirait presque

toujours pour rendre celui qui a été condamné (contradictoirement ou par défaut ; en premier ou dernier ressort) irrecevable à faire redresser par les voyes légales les griefs que ce Jugement rendu a pu lui inférer au Fonds ou dans la Forme.

S'agit-il au contraire d'empêcher qu'un Jugement soit ou devienne inattaquable ? En glissant dans la main de l'*Huissier* qui le notifie quelques pièces d'argent, on le détermine , par réciprocité de services , à glisser quelque nullité dans la Notification.

On n'a qu'à rendre invalides, par de pareils expédiens , les citations qu'on reçoit dans une action intentée vers le dernier tems de sa durée, si l'on veut s'assurer le moyen de la repousser ensuite par la prescription.

A-t'on intérêt, dans un Procès existant , ou à raison d'un Procès futur , de recevoir quelque Sommation, quelque Notification ? On se les fait donner au nom, quoiqu'à l'insu, de la personne de qui on les désire , et par un *Huissier* qui supprime l'original après l'avoir fait enregîtrer. La copie appuyée d'un extrait de l'enregîtrement en tems utile, fera foi dans la suite ; et celui qui désavouera un tel acte, portant qu'il est fait à sa requête , prouvera bien difficilement qu'il n'avait point donné un Mandat présumé de Droit.

Quand un *Huissier* fait commandement

de

de payer le montant d'un titre exécutoire dont il est porteur, il se trouve fondé de pouvoirs légal du créancier ; et le débiteur sera libéré s'il retire l'Expédition et l'acte de Notification du Titre , avec une Quittance de l'*Huissier* ; sauf contre celui-ci le recours du créancier dont cet *Huissier* se permettrait de retenir l'argent.

Je termine ce Chapitre qui serait bien long, si j'entreprenais d'y décrire toutes les espèces d'occasions, où le sort de la Propriété est remis à la foi d'un *Huissier*.

N O T E.

(1) Quelquefois [pour s'épargner la peine d'un voyage ou pour quelque autre motif] , au lieu de notifier A DOMICILE, comme il l'atteste dans son exploit, l'Huissier livre la copie à un tiers qui se charge verbalement de la faire remettre. L'époque et le fait même de cette remise dépendent alors de la fidélité et de l'exactitude du Commissionnaire, ou du résultat des moyens qu'il employe. J'ai vu arriver ainsi, après quinzaine, la copie d'un Jugement par défaut, qu'il eût fallu attaquer dans la huitaine.

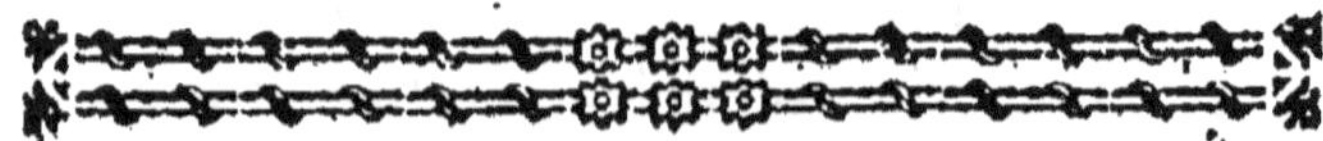

CHAPITRE XI.

Conséquences du Chapitre précédent.

AVEC de fausses Notifications ;

On peut donc tantôt rendre impossible le recours aux Tribunaux supérieurs , qui sont les remparts de la Propriété , tantôt faire tourner ce recours contre la Propriété même ;

On peut tantôt consacrer par les Lois des Jugemens iniques , tantôt renverser par les Lois des Jugemens très-justes ;

On peut tantôt contraindre au payement d'une Créance chimérique , tantôt éviter celui d'une Dette légitime ;

On peut, soit dans le cours des Procès , soit dans le commerce de la vie civile, se procurer de grands avantages, et causer à autrui beaucoup de préjudice , tantôt en supposant, et tantôt en cachant des Citations, des Sommations , des Protestations, ou d'autres actes , dont on feint de recevoir ou de faire donner les Notifications ; .

On peut nuire quelquefois encore , en faisant antidater (1) un acte d'*Huissier* ; ce qui est sur-tout facile dans les Notifications qui s'adressent à des ignorans , ou quand les copies sont remises à des domestiques , qui ne sachant pas lire, ne peuvent point reconnaître la fraude ; et courir après l'*Huissier* en criant *du Faussaire* (2) ;

On peut proroger à l'infini les actions ou les exceptions pour des Procès futurs ;

On peut éterniser les Procès existans, à l'insu des autres Parties co-litigantes, qui comptant sur les effets des Péremptions ou des Prescriptions, négligent les précautions nécessaires à leur sûreté, et au lieu d'un paisible héritage, transmettent à leurs enfans des germes de discorde , et quelquefois des principes de ruine ;

On peut enfin voler de mille manières.

Que faut - il donc pour l'usurpation de chaque Propriété ? Un Fripon qui la convoite et un *Huissier* qui le seconde. Le danger de nos fortunes est donc en raison de la facilité d'un tel concours ! De combien de Lois, conservatrices des Propriétés , ce vice peut rendre la Sagesse inutile (3)? Qu'importe qu'une Citadelle soit inaccessible de plusieurs côtés, s'il en est un par où l'ennemi peut y pénétrer sans obstacle ?

NOTES.

(1) De quelques jours seulement , pour être dans le délai de l'enregitrement.

L'antidate d'un , de deux, ou de trois jours , aurا fit quelquefois ;

Pour intenter , après l'expiration du délai per‑ emptoire , une Opposition , un Appel , ou quel‑ que autre Action ;

Pour fournir le moyen d'attaquer quelque Pour‑ suite , Saisie ou autre Exécution , en produisant des Sommations , Protestations , ou autres Actes préten‑ dus antérieurs ;

Pour donner à une des Parties litigantes l'avan‑ tage de connaître les intentions , les moyens et les défenses des autres Parties, afin de rédiger , d'après cette notion , un Acte qui pourtant sera réputé fait et notifié antérieurement ;

Enfin pour pratiquer bien d'autres fraudes.

(2) Si l'Huissier était ici pris en flagrant dé‑ lit , il offrirait de rectifier la date , en disant qu'il s'est trompé sur le quantième du mois ;

(3) Ce n'est point dans un GOUVERNEMENT tel que celui sous lequel nous avons le bonheur de vivre, qu'on a besoin de prouver combien l'instabilité des Propriétés serait funeste a l'Agriculture , à l'Industrie, au Commerce , aux Sciences , aux Arts , aux Lettres , à la Population , à la Morale, aux Finances , et à toutes les parties de l'Admi‑ nistration publique.

CHAPITE XII.

Que la Forme actuelle des Notifications civiles produit souvent des maux, qu'il est impossible de réparer.

LES faux témoignages , dans les Procédures civiles ou criminelles , peuvent être découverts par divers moyens. D'abord on rejette les témoins suspects : puis on entend séparément plusieurs témoins sur le même fait , ou sur les circonstances qui l'ont précédé ou suivi ; on compare leurs dépositions, et quelquefois on les rapproche de ce qui résulte des écrits ; on entend les Parties sur le tout , ou on confronte les témoins avec l'accusé.

Mais le fait d'une Notification est presque toujours renfermé dans un petit cercle, dont il serait bien difficile d'écarter un *Huissier.* Oui, (répondra-t'il aux diverses interpellations qui lui seront faites) il est vrai, comme l'exprime mon verbal, qu'un tel jour je me rendis au domicile d'un tel , et qu'y ayant trouvé une telle personne, je lui *remis copie* d'un tel acte. Quelque effort qu'on fasse pour l'en éloigner , l'*Huissier* se rattachera

sans cesse à ce point, dont la simplicité ex-
clud l'espoir de mettre l'imposteur en opposition avec lui - même.

On se flatterait donc en vain de lui arra-
cher , par adresse , l'aveu indirect de son
crime. Peut-on imaginer qu'il l'avouera vo-
lontairement ? Toutefois admettons cette hy-
pothèse : la nullité de la Notification n'en
sera pas la conséquence.

La raison et les Lois ne permettent pas
qu'un Officier public , quand il a rempli son
ministère, puisse en détruire l'effet par une
déclaration opposée à l'acte authentique dont
il est l'auteur.

Celui qui va cueillir les fruits de la fausse
Notification dira que c'est , au contraire,
sa Partie adverse qui collude avec l'*Huissier*. Il suffit , ajoutera - t - il, que la Notification soit revêtue de toutes les Formes légales , pour qu'il en résulte en ma faveur
un *droit acquis*, dont il ne dépend pas plus de
l'*Huissier* de me priver, qu'il ne dépendrait
du *Notaire* et des témoins qui ont signé un
Contrat public de l'anéantir en disant qu'il
est faux , qu'il ne dépendrait d'un Tribunal d'annuler un Jugement rendu en décla-
rant qu'il est injuste.

CHAPITRE XIII.

Suite.

QU'ON n'espère pas non plus de prouver par témoins un crime de cette espèce. En effet, comment prouver par témoins qu'on n'a pas reçu une copie ?

Prouver *qu'on n'a pas reçu !* ...... Voilà une pure négation de fait : or, par la nature des choses, disent les Lois romaines, il est impossible de prouver les négations de fait (1). Aussi, dans l'Ordonnance de François Ier. de 1539 (Art. 42), les faits *positifs* sont-ils appellés *probatifs*, c'est-à-dire susceptibles de preuves.

Les Jurisconsultes observent, il est vrai, qu'on établit *indirectement* une négation, quand on prouve une affirmation contraire. Ainsi je prouverais, sans doute, qu'un tel jour, un tel acte ne fut pas notifié à mon domicile dans le Département de l'Aveiron, *en parlant d moi-même*, si je prouvais que, le même jour, j'étais à Paris. Mais supposera-t-on au faussaire et à son complice assez de stupidité pour hasarder une pareille assertion, sans savoir si je suis dans le pays, tandis qu'il suffit de faire insérer dans l'exploit que l'*Huissier* en a remis la copie dans mon domicile à telle autre *personne de ma famille* (2) qu'on voudra désigner , sans excepter même les domestiques ?

Un exploit faux est donc , *dans les mains d'un fripon, une arme dont rien ne peut arrêter les funestes effets.* L'Inscription de faux est donc une ressource vaine contre les fausses Notifications. Aussi est - il bien rare qu'on les attaque par cette voye ; et ici la même cause multiplie les crimes , et empêche de les poursuivre.

NOTES.

(1) Cùm, per rerum naturam , factum negantis probatio nulla sit. Leg. 23 , Codice, de Probationibus.

Negantem numerationem (cujus naturali ratione probatio nulla est). Leg. 10 , Codice, de non numerat. Pecun.

« (2) Si Nuncius, seu Serviens accedat aliquem citandum , et eum non reperiat, sufficit sibi dimittere copiam literarum, in domo habitationis aut alicui ex familia citandi. » (C'est ainsi que s'exprime Guy-pape, Quest. 191 et 628.)

CHAPITRE

CHAPITRE XIV.

Suite.

LA rareté des Procédures criminelles est donc loin de prouver la rareté du délit de fausse Notification, devenu si commun dans beaucoup de contrées, qu'il n'y fait sensation que sur les personnes qu'il attaque. Les Victimes déplorent en silence, ou racontent stérilement leur infortune. C'est toujours en vain qu'elles s'adressent à des Jurisconsultes ; c'est en vain qu'un Défenseur dit à des Juges (1) : Si ma Partie ne déféra point à une telle sommation, si elle fut condamnée par défaut, si elle ne se pourvut pas en tems utile contre un tel Jugement, ce fut parce qu'une telle *copie* lui avait été *soufflée.*

Ce dernier mot annonce que quand on n'espéra plus de faire punir un tel crime, on prit le parti de le tourner en plaisanterie, en l'envisageant comme un tour d'adresse (2).

A Sparte, il était permis de voler, et celui qu'on avait convaincu de larcin était puni, *non comme voleur, mais comme maladroit.*

A l'extrême facilité qu'on a, parmi nous, de faire impunément de fausses Notifications, ne semble-t-il pas (qu'il me soit permis de le

E

dire) que ce crime soit toléré sous la condition que son auteur ne fournira pas exprès des preuves contre lui - même ?

Si donc quelque *Huissier*, convaincu de fausse Notification, subit un Jugement infamant, au poteau où il est attaché on peut mettre cette inscription : *Moins comme faussaire que comme imbécille.*

N O T E S.

(1) Ici, et dans presque toutes les parties de cet Ouvrage, je parle d'après mon expérience.

(2) On sent que cette considération est aussi inexacte qu'immorale. Il faut de l'adresse à un Joueur de Gobelets qui veut étonner ses spectateurs par la disparition d'une Carte : il en faudrait aussi à l'Huissier qui voudrait escamoter une copie déjà remise. Mais en faut-il à celui qui se borne à déclarer faussement qu'il remet une copie ?

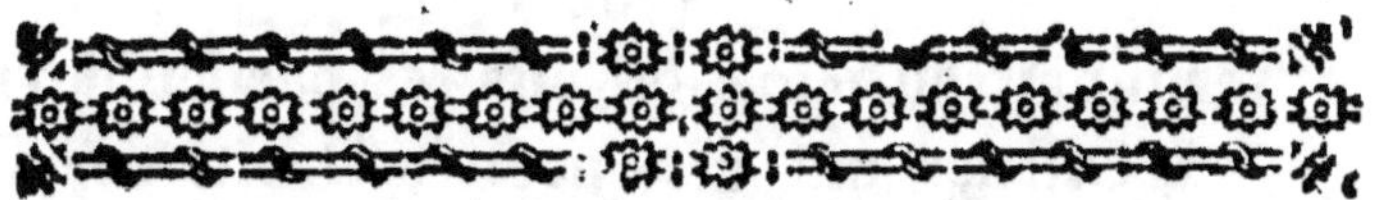

CHAPITRE XV.

Des Moyens de remédier aux Maux qui résultent de la Forme actuelle des Notifications civiles.

OU

Projet d'Institution de NOTIFICATEURS des Rapports civils contentieux.

ATTAQUONS les effets dans leurs causes. Si les inconvéniens de la manière actuelle de notifier les Rapports civils contentieux proviennent, et de ce que la foi de chaque Notification est livrée à un seul homme, et de ce qu'elle est souvent livrée à un homme avili; les moyens naturels d'y remédier sont de ne plus se contenter d'un seul témoignage quand il s'agit de Notifications très-importantes, et d'empêcher qu'on charge de mépris les Fonctionnaires publics qui feront les Notifications.

Un Procès est une petite guerre; c'est le combat de la discussion dont parle Cicéron (1); combat qui, parmi nous, a succédé aux combats de force et d'adresse, par lesquels on

E 2

terminait autrefois les affaires particulières.

L'Officier qui dénonce les Droits des Citoyens, qui les appelle devant les Tribunaux, et qui fait les diverses Sommations juridiques, représente donc le HÉRAUT qui dénonçait les Défis, les Combats, et faisait les Sommations militaires.

Il n'y a donc pas plus de raison de mépriser la fonction de NOTIFICATEUR, qu'il n'y en aurait eu de mépriser celle de HÉRAUT.

J'appelle NOTIFICATEUR, le Fonctionnaire public qui serait chargé des *Notifications* civiles ; et je crois qu'il conviendrait de lui donner ce nom (2) ; car celui d'*Huissier* est trop avili, dans beaucoup de contrées, pour qu'il soit possible d'en écarter le mépris.

Je n'adopterais pas le nom d'OFFICIER *ministériel* (3), soit parce qu'il est *générique*, et qu'il conviendrait également à beaucoup de Fonctionnaires publics, soit parce qu'il se trouve chargé d'une épithète, ce qui est un défaut dans notre Langue qui tend à la simplicité, sur-tout quand il s'agit de dénominations.

Le mot *Huissier*, dérivé du vieux terme *Huis* (*porte*), signifie *Portier* (4), et n'est propre à désigner les *Huissiers* actuels des Tribunaux qu'à raison de quelques fonctions *serviles* dont ils sont chargés, et qui les firent

appeller autrefois tantôt *Serviteurs* (5), tantôt *Valets de la Cour* (6) de Justice, près
laquelle ils étaient établis.

Je propose donc d'instituer des Officiers,
qui sous le nom de NOTIFICATEURS, feraient *uniquement* et *exclusivement* toutes les
espèces de *Notifications* civiles.

Ils seraient nommés par le Chef de l'État,
et sur les présentations des Tribunaux, parmi les Citoyens que leur probité et leur instruction (constatées par des Certificats et des
Examens), rendraient propres à ces fonctions
importantes (7).

NOTES.

(1) Voyez ci-dessus la Préface.

(2) Ce mot NOTIFICATEUR, signifierait très-
bien OFFICIER QUI NOTIFIE, qui fait connaître
dans les formes juridiques, QUI NOTUM FACIT.

Le même mot n'offre, d'ailleurs, ni emphase,
ni abjection ; défauts opposés, et qu'il importe
également d'éviter dans les dénominations.

(3) Qu'on a voulu quelquefois substituer à celui d'HUISSIER.

(4) Les mots PORTIER et HUISSIER diffèrent pourtant en ce que le premier signifie PRÉPOSÉ A UNE
PORTE PRINCIPALE OU EXTÉRIEURE, et que le se-

cond signifie PRÉPOSÉ A UNE PORTE INTÉRIEURE;

Aussi l'on disait à la Cour : HUISSIER DE LA CHAMBRE, HUISSIER DU CABINET, HUISSIER DE LA SALLE ; et non pas, PORTIER DE LA CHAM-BRE , etc.

(5) SERVIENTES , d'où dériva le mot SER-GENT.

(6) VALETI CURIÆ.

(7) On leur ferait prêter serment de les rem-plir avec exactitude et probité.

CHAPITRE XVI.

Qu'il faudrait un Costume aux NOTIFICATEURS.

POUR empêcher qu'on méprisât les NOTIFICATEURS, il conviendrait encore de les obliger à porter un certain Costume, toutes les fois qu'ils exerceraient leurs fonc-tions, soit dans les Villes, soit dans les Cam-pagnes.

Montesquieu blâme une Loi romaine pour avoir décidé qu'un aveugle ne serait point admis à plaider pour autrui , parce qu'il ne pouvait pas voir *et respecter* (1) les or-nemens de la Magistrature (2). Cette rai-son n'est pourtant pas si mauvaise (3) ; car telle est la correspondance entre les deux principes constitutifs de l'homme, le *Physique* et le *Moral*, que souvent ce qui frappe ses sens, détermine ses sentimens et sa conduite.

NOTES.

(1) Voir et respecter, VIDERE ET REVERERI, dit la Loi ; mais, en rapportant sa disposition, l'Au eur de l'ESPRIT DES LOIS (Liv. 29 , Chap. 16), retranche le mot RESPECTER , qui pourtant découvre le véritable ESPRIT de cette LOI. Il faut bien prendre garde de ne pas tronquer ce que l'on critique.

(2) Cœcum . . . . Prœtor repellit ; vide licèt quod insignia Magistratûs videre et revereri non possit. -- Loi Iere. Par. 5, ff. DE POSTULANDO, tirée du Livre 6 de l'Ouvrage d'Ulpien sur l'EDIT PERPÉTUEL.

(3) Elle fut regardée comme bonne par les Préteurs romains, par les Jurisconsultes Julien et Ulpien , par les Empereurs Adrien et Justinien, et par les Rédacteurs du Digeste.

CHAPITE XVII.

Discipline des NOTIFICATEURS.

IL ne suffirait pas de soumettre à la peine *des Fers* les NOTIFICATEURS convaincus de *Faux* dans l'exercice de leur ministère,

Ces Fonctionnaires ne devraient être exempts de toute punition, ni quand ils auraient seulement enfreint les lois de la délicatesse, ni quand ils auraient commis un délit grave, mais dont les preuves ne seraient pas de nature à devenir les bases d'une condamnation criminelle.

Il faudrait donc que, dans ces divers cas, les NOTIFICATEURS, après avoir été entendus ou dûment appellés, fussent jugés *par voye de Discipline*, et condamnés, selon les circonstances, à la *Censure*, à une suspension, à une amende, aux dommages-intérêts.

Ces peines seraient prononcées, en premier ressort (avec exécution provisoire, sauf à l'égard des condamnations pécuniaires) par les Tribunaux civils d'arrondissement, à la poursuite du Commissaire du Gouvernement, ou des Parties intéressées.

Les mêmes Tribunaux pourraient aussi, par des Arrêtés motivés, provoquer auprès du PREMIER CONSUL, les destitutions des *Notificateurs*.

CHAPITRE

CHAPITRE XVIII.

Des Cautionnemens que fourniraient les NOTIFICATEURS ; et des avantages qui en resulteraient.

JE voudrais encore qu'on obligeât les NOTIFICATEURS à fournir, en argent, un Cautionnement plus élevé que celui des *Huissiers* actuels ; et dont le taux serait réglé pour chaque lieu, en raison combinée des établissemens judiciaires, de la population, et des autres circonstances.

Cette mesure serait très-utile sous divers points de vue.

1°. Elle contribuerait à écarter le mépris des fonctions de NOTIFICATEUR ; car on peut dire que les Places susceptibles de Cautionnement sont, à quelques égards, plus ou moins estimées dans l'opinion, selon que leur Cautionnement est plus ou moins élevé.

2°. Le Cautionnement, s'il n'est pas trop modique, suppose quelques Propriétés, et lui-même est une Propriété : il obvierait donc à l'inconvénient que j'ai remarqué ailleurs, de confier à des hommes sans Propriété, des fonctions si essentielles aux Propriétés.

F

3°. Ces fonctions tiennent directement à l'ordre général ; or la Propriété, et par conséquent le Cautionnement, donnent un intérêt spécial au maintien de cet ordre.

4°. Le Cautionnement des NOTIFICATEURS serait, jusqu'à un certain point, une garantie de bonne conduite, et un gage de responsabilité.

5°. Enfin, du côté des Finances, les Cautionnemens de ces nouveaux Fonctionnaires offriraient à l'État un avantage d'autant plus précieux, qu'il résulterait naturellement d'une Institution salutaire ; et ici *la Finance*, suivant l'heureuse expression du Conseiller d'État Portalis, *ferait une sage alliance avec la Législation*. (Disc. Prélimin. du Proj. de Cod. Civ.).

CHAPITRE XIX.

Précaution particulière à prendre dans les Notifications civiles les plus importantes.

JE voudrais enfin que le concours de deux NOTIFICATEURS, fût exigé dans les plus importantes Notifications civiles ; par exemple, dans celles qui donneraient ouverture aux moyens d'attaquer les Jugemens, dans lesquels il s'agirait d'une valeur considérable.

Un Réglement déterminerait, avec précision, toutes les espèces de Notifications où deux Fonctionnaires publics seraient nécessaires; et il n'en faudrait qu'un dans chacune des autres. Un NOTIFICATEUR suffirait pour signifier tout acte conservatoire urgent.

L'intervention du second NOTIFICATEUR pourrait toujours être suppléé par le seing de la Partie même qui recevrait la Notification; et cette signature, mise au bas de l'original, n'aurait besoin d'être accompagnée d'aucune protestation, d'aucune réserve; parce que jamais elle ne serait considérée comme un aveu de la demande faite, ni comme un acquiescement à l'acte notifié, mais seulement comme une preuve de la reception d'une copie.

Il ne faudrait qu'un NOTIFICATEUR pour chaque signification d'acte de Procédure faite aux *Avoués* ; mais l'Avoué *recevant Copie*, serait tenu de signer l'original ou de le faire signer par un Clerc. La contravention à ce Réglement serait punie d'une amende, ou d'une autre peine, que les Tribunaux prononceraient, *par voye de Discipline*, après avoir entendu *contradictoirement* le NOTIFICATEUR à qui la signature eût été refusée, et l'Avoué qui eût fait ce refus.

Ils accorderaient aussi des dommages-intérêts à la Partie lésée, dans le cas d'un refus de signature frauduleux.

Deux NOTIFICATEURS paraissent préférables à un NOTIFICATEUR assisté d'un ou de deux témoins ; non-seulement parce qu'en général l'intervention d'un second Officier public donnerait plus de sûreté, mais encore parce qu'il serait quelquefois difficile de trouver des témoins prêts à intervenir dans les Notifications ; ce qui, peut-être, engagerait chaque NOTIFICATEUR à s'assurer d'un ou de plusieurs hommes, qui, moyennant un certain prix, lui serviraient habituellement de témoins ; et cela présenterait des inconvéniens.

Cependant (comme les formalités judiciaires doivent être considérées, ainsi que bien d'autres choses, sous les rapports combinés des avantages et des inconvéniens) il faudrait, ce semble, que quand on ne pourrait trouver un second NOTIFICATEUR qu'au-delà d'une certaine distance, il pût être suppléé par un Témoin sachant écrire, domicilié dans l'arrondissement communal où la Notification serait faite, et qui ne fût ni proche parent ou allié, ni Serviteur ou Clerc des Parties ou du NOTIFICATEUR.

Ainsi, en 1579, l'Ordonnance de Henri III voulut (Art. 166) que dans les lieux où deux

Notaires n'étaient point nécessaires pour recevoir les Testamens, Contrats ou autres Actes, et lorsque la Partie qui s'obligerait ne pourrait pas signer, le *Notaire* appellât (s'il était possible) un témoin, qui signât avec lui la minute.

Mais il conviendrait d'empêcher qu'un NOTIFICATEUR employât habituellement pour témoins les mêmes personnes, à moins qu'il ne les eût présentées au Tribunal de l'arrondissement, qui (après avoir pris des renseignemens sur leur moralité et leur capacité) leur ferait prêter serment de ne jamais signer *de confiance*, de ne signer d'autres Notifications que celles dont ils connaîtraient la vérité, et qui seraient faites sous leurs yeux par l'Officier public qu'ils assisteraient.

Ainsi, dans les Notifications civiles les plus importantes (et qui ne seraient pas signées des Parties même qui les auraient reçues), le témoignage de l'Officier public se trouverait fortifié par celui d'un autre Officier, ou au moins d'un témoin.

En général il est plus difficile de corrompre deux personnes qu'une seule. Tel même commettrait, seul, une friponnerie, qui n'osera la faire de compagnie ; et d'ailleurs, dans un fait qui aurait deux auteurs dans un crime où se trouveraient deux coupables, on parviendrait quelquefois à découvrir la vérité par leurs aveux ou leurs contradictions.

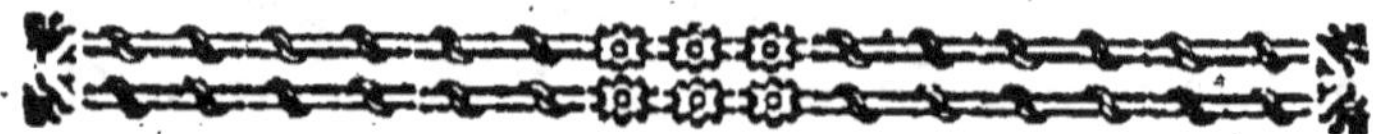

CHAPITRE XX.

Objection. — Réponse.

ON me dira peut-être :

Le Cautionnement, la Probité, l'Instruction qu'on exigerait dans les NOTIFICA-TEURS, obligeraient à leur attribuer des droits plus forts que ceux des *Huissiers* actuels. Voilà donc une augmentation de dépense judiciaire. Exiger encore, dans certains cas, le concours de deux NOTIFICA-TEURS, ou l'assistance d'un Témoin, ce serait accroître à-la-fois la dépense et l'embarras.

Je répons :

1°. Il est des Pays où, tout compté, l'Institution des NOTIFICATEURS serait très-économique pour les Plaideurs, à cause des frais et autres pertes, auxquels ils sont exposés par les nullités d'exploits, dont l'impéritie des *Huissiers* est la source féconde.

2°. Si l'on pouvait soutenir qu'il fallût laisser notifier les Rapports civils contentieux par des hommes souvent stupides ou immoraux, parce qu'il en coûterait un peu plus d'argent

d'employer des hommes instruits et honnê-
tes , on pourrait bientôt proposer de donner
au rabais d'importantes fonctions publiques.

3°. Je renvoye aux Chapitres où j'ai indiqué les dangers de la Forme actuelle des
Notifications civiles ; et je dis, avec Montesquieu, que les peines, les dépenses, les lon-
gueurs de la Justice, sont le prix que chaque
Citoyen donne pour la garantie de ses Droits.

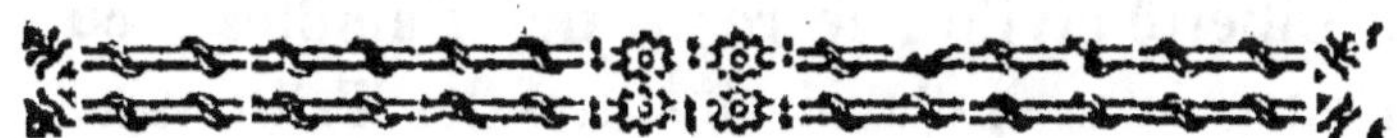

CHAPITRE XXI.

Que l'Établissement des NOTIFICATEURS
*serait en harmonie avec nos Institutions
et notamment avec celle du Notariat.*

SI l'on réfléchit sur les maux indiqués dans
cet Ouvrage, on sentira l'utilité (et je pour-
rais dire la nécessité) d'un Établissement, qui,
dans la Forme des Notifications civiles, op-
*posât à l'immoralité des moyens de repres-
sion . . . . . efficaces sans être trop sévères ,
qui se conciliât . . . . . avec les idées bien
appréciées du respect dû à la Propriété ;
et qui fût enfin en harmonie parfaite avec
les Institutions qui nous régissent aujour-
d'hui.* Or il me semble que ce triple objet
serait rempli par l'Établissement des NOTI-
FICATEURS que j'ai proposé.

Je viens d'emprunter le langage du Conseiller d'État Réal , exposant les motifs de l'excellente Loi qui organise le Notariat tandis que je fais imprimer ce petit Ouvrage. Cet Orateur du Gouvernement a dit d'abord au Corps-Législatif (Séance du 14 Ventôse an 11 , 5 Mars 1803.), « Pour établir sur des bases inébranlables le Droit de Propriété, la Liberté civile , le repos des Familles , ce n'est pas assez d'avoir institué des Tribunaux chargés de prononcer sur les Différends que l'intérêt fait naître , d'avoir placé dans chaque Canton , et pour ainsi dire auprès de chaque Famille , un Conciliateur , un Juge de Paix, dont la principale fonction est d'assoupir les contestations naissantes ; ce n'est point assez qu'à ces deux garanties de la tranquillité publique , le rétablissement des Cultes ait ajouté l'intervention puissante du Ministre , qui au nom de la Divinité invite les hommes aux sacrifices mutuels qui maintiennent la concorde. Une autre Institution est nécessaire ; et à côté des Fonctionnaires qui concilient et qui jugent des Différends , la tranquillité appelle d'autres Fonctionnaires qui, ... rédacteurs impartiaux des volontés des Parties,.....donnent aux engagemens qu'elles contractent le caractère d'un acte authentique, ... empêchent les Différends de naître entre les hommes de bonne foi, et enlèvent aux hommes cupides ,

avec

(49)

avec l'espoir du succès, l'envie d'élever une
injuste contestation..... Ces rédacteurs impartiaux, cette espèce de Juges volontaires,
qui obligent irrévocablement les Parties con-
tractantes, sont les Notaires ».

J'ose ajouter : La garantie des Propriétés,
la Liberté civile, la Paix des Familles, l'Ordre général, exigent encore une autre Institution. Ce n'est point assez que la fraude
soit écartée des actes *volontaires* ; il faut
l'écarter des actes *contentieux*, où elle est
principalement à craindre ; il faut dans la
Juridiction *contentieuse*, comme dans la
Juridiction *volontaire*, empêcher que la Loi
n'appelle *acte authentique*, ce que la raison
n'appelle pas *acte vrai*. Dans les Procès qui
n'auront été ni prévenus par les Notaires, ni
assoupis par les Juges de Paix, il faut établir des Formes, qui, protectrices des hommes
de bonne foi, enlèvent aux hommes cupides,
avec l'espoir du succès, l'envie d'appuyer sur
le *Faux* une injuste Prétention. En un mot,
à côté des *Notaires*, instrumens exacts et rédacteurs fidèles des volontés des Parties quand
elles sont d'accord, il faut, ce me semble, des
NOTIFICATEURS , instrumens exacts et
messagers fidèles des volontés des Parties
quand elles sont en litige.

G

CHAPITE XXII.

Suite.

J'AI commencé mon Ouvrage en comparant les Rapports civils contentieux aux Rapports civils volontaires ; je le termine en indiquant l'analogie qui devrait exister entre les Ministres des volontés des Parties dans ces deux genres de Rapports.

Les *Notaires*, dit la nouvelle Loi, *sont les Fonctionnaires publics établis pour recevoir tous les actes et contrats , auxquels les Parties doivent ou veulent faire donner le caractère d'authenticité attaché aux actes de l'autorité publique.* Les NOTIFICATEURS seraient des Fonctionnaires établis pour donner à toutes Notifications civiles le caractère d'authenticité attaché aux actes publics.

Les actes des NOTIFICATEURS *feraient foi en Justice* , comme ceux des *Notaires* ; et les effets de ces deux genres d'actes pourraient être suspendus, dans les mêmes cas, et de la même manière, par l'inscription de *Faux* principale ou incidente.

Comme les *Notaires* , les NOTIFICATEURS produiraient des *Certificats de Moralité et de capacité* ; prêteraient serment de probité et d'exactitude, et seraient soumis à un *Code pénal plus sévère*, à un *Tribunal plus austère que le commun des hommes*, à une *DISCIPLINE*.

Les NOTIFICATEURS (ainsi que les *Notaires*) fourniraient des *Cautionnemens spécialement affectés à la garantie des condamnations prononcées contr'eux par suite de l'exercice de leurs fonctions*.

Le Cautionnement des NOTIFICATEURS (comme celui des *Notaires*) serait plus ou moins élevé, selon que, dans le lieu de leur résidence, les affaires se trouveraient plus ou moins importantes, plus ou moins nombreuses, à raison des Établissemens judiciaires, de la Population, du Commerce, et de divers accidens dont le Gouvernement ferait l'appréciation. Tout serait *calculé pour que le Fonctionnaire ne fût point inutilement surchargé, et que cependant la garantie ne fût pas rendue illusoire*.

On appliquerait enfin aux NOTIFICATEURS plusieurs Règlemens faits pour les Notaires ; — *l'obligation de résider dans les lieux qui leur seraient fixés* ; — l'obligation de *s'abstenir des affaires de leurs parens ou alliés* à certains *degrés* ; — l'obligation de connaître *le nom, l'état et la demeure des Parties*, ou de se les faire attester, dans les actes, par deux Citoyens, connus d'eux, *ayant les qualités requises pour être témoins de Contrats ou de Notifications ;* — l'incompatibilité avec d'autres Fonctions publiques ; etc., etc.

Ainsi l'Institution des NOTIFICATEURS, assortie à celle des *Notaires*, corrigerait de grands abus dans l'administration de la Justice, et compléterait la garantie des Propriétés.

CONCLUSION.

J'AI indiqué un vice incontestable, un abus très-funeste. Si je n'ai pas trouvé les meilleurs moyens d'y remédier, qu'un autre les trouve ; je serai content de lui avoir ouvert la Carrière.

FIN.

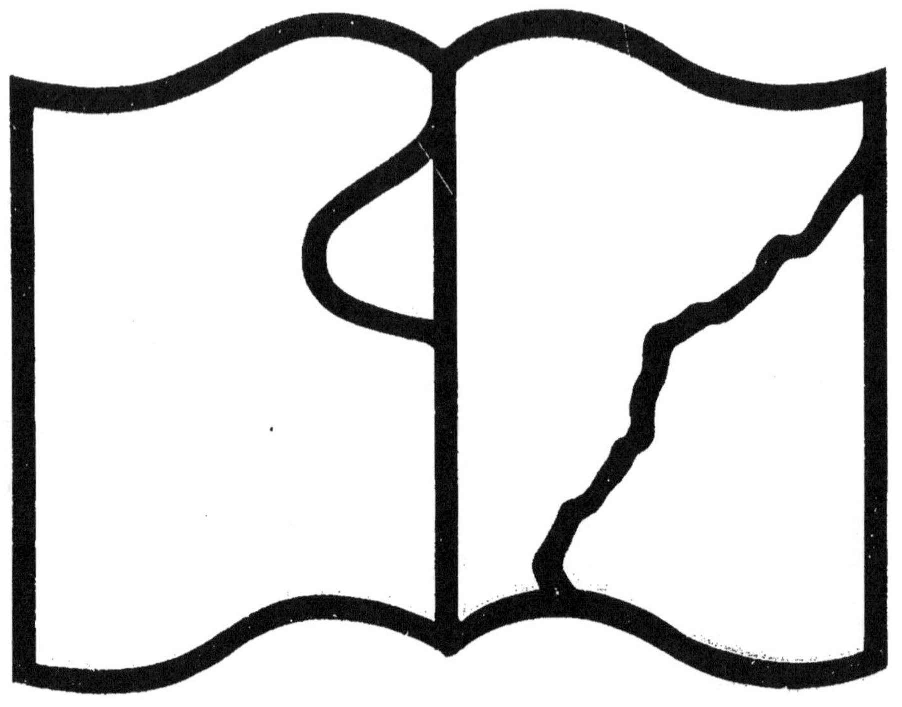

Texte détérioré — reliure défectueuse

NF Z 43-120-11

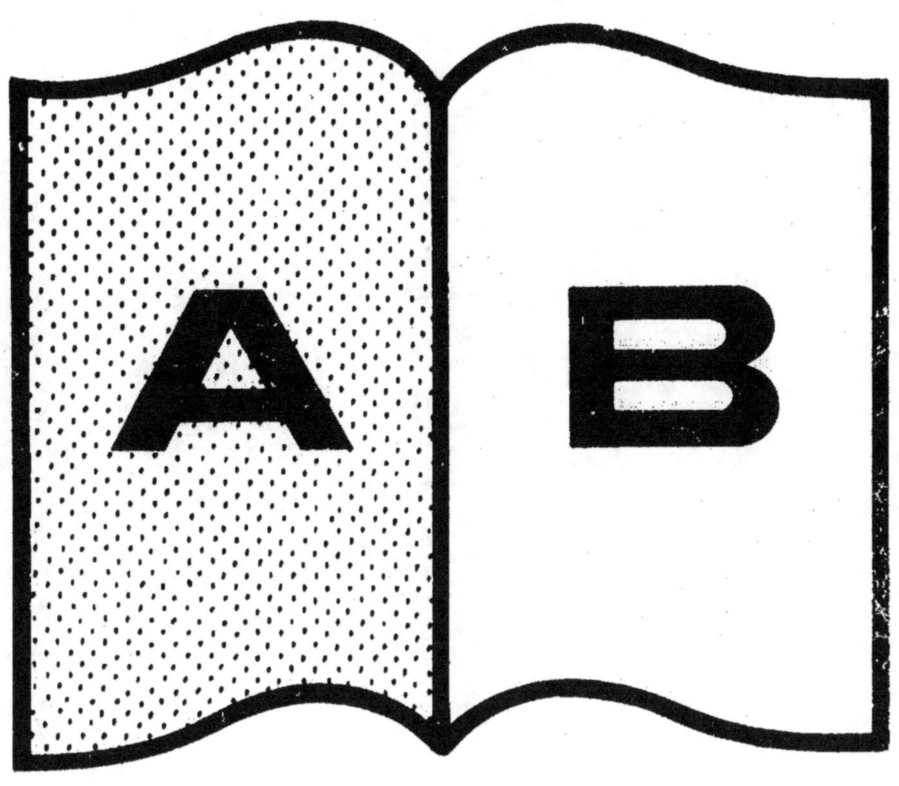

Contraste insuffisant

NF Z 43-120-14